DURCHSETZUNGS-VERMÖGEN FÜR FÜHRUNGSKRÄFTE

DURCHSETZUNGSVERMÖGEN FÜR FÜHRUNGSKRÄFTE

Serie " Management-Fähigkeiten für Führungskräfte "

von: D.K. Hawkins

Version 1.1 ~Oktober 2021

Veröffentlicht von D.K. Hawkins bei KDP

Copyright ©2021 by D.K. Hawkins. Alle Rechte vorbehalten.

Kein Teil dieser Publikation darf ohne vorherige schriftliche Genehmigung der Herausgeber in irgendeiner Form oder mit irgendwelchen Mitteln, einschließlich Fotokopien, Aufzeichnungen oder anderer elektronischer oder mechanischer Methoden oder durch ein Informationsspeicher- oder -abrufsystem, vervielfältigt, verbreitet oder übertragen werden, mit Ausnahme sehr kurzer Zitate in kritischen Rezensionen und bestimmter anderer nichtkommerzieller Verwendungen, die nach dem Urheberrecht zulässig sind.

Alle Rechte vorbehalten, einschließlich des Rechts auf vollständige oder teilweise Vervielfältigung in jeder Form.

Alle Angaben in diesem Buch wurden sorgfältig recherchiert und auf ihre sachliche Richtigkeit überprüft. Der Autor und der Herausgeber übernehmen jedoch keine Garantie, weder ausdrücklich noch stillschweigend, dass die hierin enthaltenen Informationen für jede Person, jede Situation oder jeden Zweck geeignet sind, und übernehmen keine Verantwortung für Fehler oder Auslassungen.

Der Leser übernimmt das Risiko und die volle Verantwortung für alle Handlungen. Der Autor kann nicht für Verluste oder Schäden verantwortlich gemacht werden, die sich aus den in diesem Buch enthaltenen Informationen ergeben könnten.

Alle Bilder sind frei verwendbar oder von Stockfoto-Websites erworben oder lizenzfrei für die kommerzielle Nutzung. Ich habe mich bei der Erstellung dieses Buches auf meine eigenen Beobachtungen sowie auf viele verschiedene Quellen gestützt, und ich habe mein Bestes getan, um die Fakten zu überprüfen und die Quellen zu nennen, wo es angebracht ist. Sollte Material ohne entsprechende Erlaubnis verwendet worden sein, kontaktieren Sie mich bitte, damit das Versehen korrigiert werden kann.

Die in diesem Buch enthaltenen Informationen dienen nur zu Informationszwecken und sind nicht als Quelle für Ratschläge oder Kreditanalysen in Bezug auf das dargestellte Material gedacht. Die in diesem Buch enthaltenen Informationen und/oder Dokumente stellen keine Rechts- oder Finanzberatung dar und sollten niemals ohne vorherige Rücksprache mit einem Finanzfachmann verwendet werden, um festzustellen, was für Ihre individuellen Bedürfnisse am besten geeignet ist.

Der Herausgeber und der Autor geben keine Garantie oder andere Versprechen hinsichtlich der Ergebnisse, die durch die Verwendung des Inhalts dieses Buches erzielt werden können. Sie sollten niemals eine Anlageentscheidung treffen, ohne vorher Ihren eigenen Finanzberater zu konsultieren und Ihre eigenen Nachforschungen und Sorgfaltsprüfungen durchzuführen. Soweit gesetzlich zulässig, lehnen der Herausgeber und der Autor jegliche Haftung für den Fall ab, dass sich die in diesem Buch enthaltenen Informationen, Kommentare, Analysen, Meinungen, Ratschläge und/oder Empfehlungen als ungenau, unvollständig oder unzuverlässig erweisen oder zu Investitions- oder anderen Verlusten führen.

Der in diesem Buch enthaltene oder zur Verfügung gestellte Inhalt stellt keine Rechts- oder Anlageberatung dar, und es entsteht keine Beziehung zwischen Anwalt und Mandant. Der Herausgeber und der Autor stellen dieses Buch und seinen Inhalt auf der Basis "wie besehen" zur Verfügung. Die Nutzung der Informationen in diesem Buch erfolgt auf eigene Gefahr.

INHALTSVERZEICHNIS.

INHALTSVERZEICHNIS. 4

EINFÜHRUNG. 6

KAPITEL 1 12

    Der durchsetzungsfähige Manager. 12

KAPITEL 2 22

    Durchsetzungsvermögen - ist es ein Persönlichkeitsmerkmal oder eine Kommunikationsfähigkeit? 22

KAPITEL 3 29

    Die Bedeutung von Durchsetzungsvermögen für Manager. 29

KAPITEL 4 35

    Sind Sie gegenüber den Mitgliedern Ihres Managementteams durchsetzungsfähig? 35

KAPITEL 5 42

    Die Barrieren der Durchsetzungsfähigkeit in Projektmanagement-Teams. 42

KAPITEL 6 47

    Wie Sie Ihre Ziele durch angemessenes Durchsetzungsvermögen erreichen. 47

KAPITEL 7 60

    Die wichtige Rolle des Durchsetzungsvermögens bei der Führung von Managern. 60

KAPITEL 8 67

Wie Durchsetzungsvermögen für den Geschäftserfolg entscheidend sein kann. 67

KAPITEL 9 75

Sich selbst durchsetzen, indem man richtig "Nein" sagt. 75

KAPITEL 10 79

Manager - Tipps zur Steigerung der Durchsetzungsfähigkeit. 79

SCHLUSSFOLGERUNG. 83

EINFÜHRUNG.

Führungskräfte auf allen Ebenen sind ineffektiv. Wenn es einen Faktor gibt, der meiner Meinung nach am meisten zu dieser Ineffizienz beiträgt, dann ist es ein Mangel an Durchsetzungsvermögen. Vor kurzem habe ich bei einer Gruppe von Managern eines Forschungsunternehmens im Rahmen eines Projekts zur Entwicklung von Führungsqualitäten eine Umfrage unter Managern, ihren Vorgesetzten und Direktunterstellten durchgeführt, um die wahrgenommenen Stärken und Schwächen zu ermitteln.

Im Allgemeinen wurden den Führungskräften viele wertvolle Eigenschaften zugeschrieben, die von ihren Vorgesetzten und Untergebenen bewundert wurden. Es gab jedoch einen Bereich, in dem Manager regelmäßig negative Noten erhielten - Aggressivität.

Das machte mich neugierig und ich bat die Manager um eine Erklärung, warum sie und ihre Kollegen eine niedrige Bewertung für ihr Durchsetzungsvermögen erhielten. Den Managern fehlte es an Wissen. Die meisten Manager sahen Durchsetzungsvermögen negativ und als aggressives Verhalten. Sie betrachteten eine niedrige Punktzahl als Kompliment. Das war aber nicht der Fall!

Um ein tieferes Verständnis der Vorgänge zu erlangen, sprachen wir mit den Untergebenen dieser Vorgesetzten, um herauszufinden, was vor sich ging. Hier begann ich zu begreifen, was vor sich ging.

Die Untergebenen beklagten sich regelmäßig darüber, dass es ihnen an echter Klarheit darüber fehlte, was von ihnen erwartet wurde, und dass sie ohne klare Ziele wenig Anerkennung erhielten.

Wenn sie es taten, war es oft unerwartet.

Diese Geschichte wiederholt sich auf allen Managementebenen und in allen Branchen. Viele Manager bleiben hinter den aggressiven Erwartungen ihrer Untergebenen zurück und erzielen daher nie die gewünschten Ergebnisse. Diese passiven Manager steigen selten in höhere Führungspositionen auf.

Wie so oft beginnt die Krankheit, die zur Ineffektivität eines Managers und seines Teams führt, mit der Unfähigkeit des Unternehmens, den Manager zu schulen und ihm beizubringen, wie wichtig es ist, sich darüber klar zu werden, was er will und warum er es will.

Selbstbehauptungstraining sollte in die frühen Bemühungen von Unternehmen um die Ausbildung von Führungskräften einbezogen werden. Durchsetzungsfähiges Management ist eine erlernbare Fähigkeit, eine Fertigkeit. Drei grundlegende Annahmen motivieren Manager und angehende Manager dazu, durchsetzungsfähig zu sein:

Die Überzeugung, dass es für Führungskräfte wichtig ist, die Initiative zu ergreifen - Die Überzeugung, dass es für Führungskräfte wichtig ist, zu verstehen, was für ihre Mitarbeiter wichtig ist und warum es wichtig ist - Die Überzeugung, dass es wichtig ist, Wünsche, Gefühle und Abneigungen auf klare und nicht bedrohliche Weise zu vermitteln.

Als Führungskraft die Initiative zu ergreifen und durchsetzungsfähig zu sein, erfordert die Entwicklung der Idee, dass Führungskräfte proaktiv und nicht reaktiv auf Menschen und Umstände reagieren sollten.

Antizipieren und Handeln sind wichtige Eigenschaften einer guten Führungskraft. Die Initiative zu ergreifen, ist mit einem gewissen Risiko verbunden. Es ist gefährlich, voranzugehen, ohne das Ergebnis zu kennen. Ein hervorragendes Beispiel für die Initiative einer Führungskraft ist das Ansprechen der schlechten Leistungen eines direkten Mitarbeiters.

Viele Vorgesetzte zögern, ihre Untergebenen mit schlechten Leistungen zu konfrontieren, doch viele Mitarbeiter wünschen und verlangen Rechenschaft, um voranzukommen. Mitarbeiter für die Aufrechterhaltung eines konstant hohen

Leistungsniveaus zur Verantwortung zu ziehen, ist kein "Nice to do", sondern ein "Must do". Als Führungskraft müssen Sie dafür Ihre Werte kennen und vertreten.

Es ist wichtig, die Fähigkeit zu entwickeln, das, was Sie fühlen, denken oder glauben, in einer Weise zu artikulieren, die nicht arrogant, sondern unmissverständlich ist. Noch wichtiger ist es vielleicht, zu verstehen, warum man so fühlt.

Führungskräfte sollten dazu angehalten werden, ihre Überzeugungen regelmäßig zu vermitteln und zu verstehen. Zu lernen, wie man seine Wünsche, Gefühle und Abneigungen zum Ausdruck bringt, ohne den Anschein zu erwecken, dass man droht oder angreift, ist ebenfalls ein Talent oder eine erlernte Fähigkeit. Unserer Erfahrung nach sehnen sich Untergebene nach Führung. Sie wollen verstehen, was von ihnen verlangt wird, und schneiden schlecht ab, wenn sie keine erhalten.

Eine weitere erlernte Fähigkeit besteht darin, sowohl das Gute als auch das Schlechte so zu vermitteln, dass man gehört wird und positiv darauf reagiert. Alles in allem steht am Anfang des Selbstbehauptungstrainings das sichere Beherrschen dieser drei Grundüberzeugungen: Initiative ergreifen, Werte verstehen und zum Ausdruck bringen und Wünsche und Abneigungen klar und ohne Aggression kommunizieren.

Manager, die diese Kompetenzen verstehen und beherrschen, werden wahrscheinlich als zukünftige Führungskräfte in Ihrem Unternehmen auftreten.

Viel Spaß beim Lesen.

KAPITEL 1

Der durchsetzungsfähige Manager.

Einer der am häufigsten genannten Entwicklungsbereiche beim Coaching von Führungskräften ist die Forderung nach mehr Durchsetzungsvermögen. Das Problem besteht darin, dass "aggressiv" oder "diktatorisch" manchmal austauschbar mit "durchsetzungsfähig" verwendet wird.

Diejenigen, die einen aggressiven Stil anwenden, um Ergebnisse zu erzielen, können kurzfristig leicht Erfolg haben. Die Teammitglieder fühlen sich jedoch irgendwann beleidigt und entmutigt und suchen nach Möglichkeiten außerhalb des Unternehmens.

Längerfristig führt dies zu einem kontinuierlichen Leistungsabfall, da die

Fluktuationsrate steigt, was sich auch auf die Mitglieder verwandter Abteilungen auswirkt, die mit ansehen müssen, wie ihre Kollegen Opfer von aggressivem oder schikanösem Verhalten werden. Dieses Verhalten ist ein häufiger Karrierekiller, vor allem für Menschen in leitenden Positionen oder sehr ehrgeizige Mitarbeiter.

Passive Manager stehen am anderen Ende des Spektrums. Manager, die ihre Autorität nicht ausüben können, wirken sich in ähnlicher Weise nachteilig auf die Arbeitsmoral und die Produktion aus. Passive Manager können unentschlossen, uninteressant und genauso destruktiv sein wie Mr. Aggressiv.

Teammitglieder, die einem passiven Vorgesetzten unterstellt sind, haben möglicherweise Schwierigkeiten, Unterstützung für ihre Ideen und Projekte zu erhalten, sind unsicher, worauf sie sich konzentrieren sollen, und machen sich Sorgen über die Fähigkeit ihres Vorgesetzten, ihre Bedürfnisse und Anliegen auf der Führungsebene zu vertreten.

Durchsetzungsfähige Vorgesetzte können ihre direkten Mitarbeiter führen, leiten und motivieren, ohne sie zu überfordern, zu diktieren oder zu kritisieren. Manche Führungskräfte zögern jedoch, Durchsetzungsvermögen zu zeigen, weil sie glauben, dass es gleichbedeutend mit aggressivem Verhalten ist.

Durchsetzungsvermögen und Aggression sind zwei unterschiedliche Konzepte. Während Aggression eine emotionale Reaktion ist, die kontraproduktiv ist, geht es bei Durchsetzungsvermögen um klare Kommunikation und Absicht. Eine durchsetzungsfähige Aussage oder Aufforderung besteht aus fünf wichtigen Komponenten:

1. Sie ist nicht anfällig für Missverständnisse.

2. Es herrscht völlige Klarheit über die Erwartungen des Sprechers an den Zuhörer.

3. Sie ist frei von Negativität oder Aggression.

4. Die Körpersprache stimmt mit der gesprochenen Sprache überein.

5. Die verwendeten Worte und die Körpersprache vermitteln ein Gefühl des Respekts gegenüber dem Empfänger.

Durchsetzungsvermögen ist nicht nur wichtig, um den Führungskräften eine eindeutige Orientierung und Führung zu ermöglichen, sondern auch, um gute Motivationsbotschaften an die Teammitglieder zu senden. Vergleichen Sie die folgenden beiden Aussagen:

"Jim, ich gratuliere Ihnen zu Ihrer guten Arbeit an dem Projekt des Unternehmens ABC."

"Jim, ich bin etwas erstaunt darüber, wie Sie den ABC-Auftrag abgeschlossen haben. Ihr diplomatisches Geschick im Umgang mit dem Kunden auf hoher Ebene war außergewöhnlich. Ausgezeichnete Arbeit! "'.

Welcher Satz wird eine stärkere Wirkung auf Jim haben?

Der erste Satz ist ein Kompliment, aber eher eine beiläufige Bemerkung. Obwohl es sich um ein Lob handelt und somit teilweise motivierend ist, sollte man die Stärke der zweiten Aussage bedenken. Sie impliziert ein höheres Maß an Dankbarkeit, hebt aber auch spezifische Fachkenntnisse hervor, die Jim gezeigt hat.

Ist sich Jim des spezifischen Bereichs bewusst, in dem er sich in der zweiten Aussage hervorgetan hat?

Welche Fähigkeit wird Jim weiter ausbauen?

Wie zuversichtlich wird er in Bezug auf seine diplomatischen Fähigkeiten sein, wenn er sich in einer schwierigen Situation mit einem Kunden befindet?

Dies ist ein Beispiel für die positive, motivierende Kraft der eindringlichen Kommunikation.

Andererseits müssen Führungskräfte gelegentlich die Fehler von Teammitgliedern korrigieren oder schlechte Leistungen ansprechen. Bei konstruktiven Kommentaren zur Leistungsverbesserung und als Orientierungshilfe ist eine selbstbewusste Kommunikation wichtig. Betrachten Sie die folgenden beiden Aussagen:

"Bob, dein Bericht war ein Haufen Unsinn. Er hat für mich keinen Zweck. Wiederholen Sie den Vorgang "'.

"Bob, der von Ihnen erstellte Bericht könnte mehr Fakten und Zahlen vertragen, um ihn aussagekräftiger zu machen. Ich möchte, dass Sie ihn in drei KAPITELn umschreiben: die bisherige Geschichte des Unternehmens, den aktuellen Stand der Dinge und die Prognosen bis 2020. Fügen Sie in jedes KAPITEL ein Umsatz- und Gewinndiagramm ein. Ich erwarte die Fertigstellung bis nächsten

Freitag. Könnten Sie mir bitte mitteilen, ob Sie das für sinnvoll halten?"

Der erste Satz informiert Bob lediglich darüber, dass er schlechte Leistungen erbracht hat und hinter den Erwartungen zurückgeblieben ist. Er enthält keine Informationen darüber, was zu tun ist, um seinen Fehler zu beheben. In der zweiten Aussage wird genau angegeben, was falsch gelaufen ist, was getan werden muss und wie die Situation korrigiert werden kann.

Welche Aussage ist rücksichtsvoller gegenüber Bob?

Welche Aussage wird Bob in Zukunft beim Verfassen von Berichten helfen?

Ein weiterer Fall, in dem Durchsetzungsvermögen wichtig ist, ist die Fähigkeit, "Nein" zu Anfragen von Mitarbeitern zu sagen.

Meine Kunden beschweren sich oft darüber, dass sie ständig von Leuten unterbrochen werden, die in ihr Büro kommen und um sofortige Besprechung einer Angelegenheit bitten. Sie reagieren darauf auf eine von zwei Arten. Oder anders ausgedrückt: "Ich entschuldige mich dafür, dass ich hier überfordert bin. Wir haben keine Zeit. Es muss warten". [Aggressiv].

Die Alternative ist, zu sagen: "Annehmbar. Was ist das Problem?" [Im ersten Fall fühlt sich die Person, die Aufmerksamkeit sucht, unbedeutend und durch die bedingungslose Ablehnung leicht verletzt. Im zweiten Fall gibt der Vorgesetzte nach und wird von der eigentlichen Aufgabe abgelenkt, was zu spontanen Gesprächen führt, die die Zeit von wichtigen Aufgaben ablenken.

Der aggressive Chef reagiert auf Unterbrechungen mit dem Satz: "Ich arbeite gerade an einigen Aufgaben von hoher Priorität, die bis zum Mittag abgeschlossen sein sollten. Wenn Sie um 14 Uhr wiederkommen, schließen wir die Tür, und Sie haben meine ungeteilte Aufmerksamkeit. Ist das akzeptabel?"

Die selbstbewusste Reaktion beendet die Unterbrechung und zeigt gleichzeitig den Respekt vor der Person und dem Thema. Natürlich könnte die Reaktion lauten: "Aber es dauert doch nur eine Minute". Die durchsetzungsfähige Antwort besteht darin, die ursprüngliche Einladung, um 14.00 Uhr wiederzukommen, in einem Ton und einer Haltung zu bekräftigen, die das positive Ziel der Worte widerspiegeln.

Durchsetzungsvermögen erfordert auch ein Verständnis für die eigene Körpersprache. Wie Sie in jedem Kurs über Kommunikationsfähigkeiten lernen werden, werden etwa 70 % der Wahrnehmung unserer Kommunikation durch die Körpersprache bestimmt. Um in der durchsetzungsstarken Kommunikation wirksam zu sein, müssen sowohl die verbale als auch die körperliche Sprache stimmig sein. Beachten Sie die folgenden Punkte, wenn Sie aggressive Körpersprache einsetzen:

Ein sympathischer Gesichtsausdruck vermittelt Wertschätzung für den Zuhörer. (Seien Sie jedoch vorsichtig, wenn Sie mit einem gefährlichen Thema konfrontiert werden).

Halten Sie Augenkontakt, um zu zeigen, dass Sie Ihrem Gegenüber Aufmerksamkeit schenken.

Behalten Sie eine bequeme, aber aufrechte Haltung bei, wenn Sie Ihre selbstbewusste Aussage machen.

Halten Sie Ihre Hände offen, nicht gekreuzt oder in einer abwehrenden oder entschuldigenden Geste vor sich verschränkt.

Ganz gleich, ob Sie in der Unternehmenshierarchie aufwärts oder abwärts oder mit Gleichaltrigen interagieren, durch Kühnheit in geeigneten Kontexten werden Sie Freunde und Verbündete gewinnen. Richtig eingesetzt, kann selbstbewusstes Verhalten motivieren, Kommunikationsfehler vermeiden, Zeit sparen und zu einem zufriedeneren, produktiveren Arbeitsplatz beitragen.

KAPITEL 2

Durchsetzungsvermögen - ist es ein Persönlichkeitsmerkmal oder eine Kommunikationsfähigkeit?

Viele vermeintlich fortschrittliche Unternehmen investieren erheblich in die Mitarbeiterentwicklung. Sie bieten ihren Mitarbeitern technische Schulungen, Schulungen zu Soft Skills und Managementschulungen an.

Sie glauben daran, in ihr Humankapital zu investieren, indem sie es mit den für den beruflichen Erfolg erforderlichen Fähigkeiten und Kompetenzen ausstatten, und sind bereit, dafür Geld auszugeben. Wenn dies nur ausreichend wäre.

Sie können ein kleines Vermögen für die Ausbildung und Förderung von Führungsnachwuchs ausgeben. Doch unabhängig davon, wie intelligent eine Person ist, wird sie nicht über die mittlere Führungsebene hinauskommen, wenn sie nicht auch durchsetzungsfähig ist.

Studien zufolge sind nur 5 bis 20 % der Bevölkerung durchsetzungsfähig. Dennoch werden Sie feststellen, dass fast alle Top-Führungskräfte durchsetzungsfähig sind.

Warum bieten so wenige Unternehmen neuen Führungskräften ein Selbstbehauptungstraining an?

Viele sind der Meinung, dass Durchsetzungsvermögen eine Persönlichkeitseigenschaft ist, mit der nur wenige Menschen geboren werden oder die sie in ihren jungen Jahren kultivieren. Sie gehen davon aus, dass Menschen entweder durchsetzungsfähig sind oder nicht. Sie betrachten Durchsetzungsvermögen nicht als eine Reihe entwicklungsfähiger Talente.

Was bedeutet Durchsetzungsvermögen?

Durchsetzungsvermögen ist einfach die Fähigkeit, für sich selbst einzutreten, ohne die Rechte anderer zu verletzen. Dazu gehört, dass man seine Ziele unmissverständlich, direkt, detailliert und durchdacht formuliert.

Es ist die "goldene Mitte" zwischen passivem und aggressivem Verhalten. Wenn Sie nicht in der Lage sind, sich zu verteidigen, sind Sie passiv. Wenn Sie in der Lage sind, Ihre Rechte durchzusetzen und dabei die Rechte und Gefühle anderer zu missachten, können Sie aggressiv sein.

Die meisten, die an einem Selbstbehauptungstraining teilnehmen, sind eher passiv als aggressiv. Ohne das Geben und Nehmen in gesunden zwischenmenschlichen Beziehungen können passive Personen unangenehme und unausgewogene Beziehungen haben. Sie können anderen ihren Mangel an Durchsetzungsvermögen übel nehmen. Außerdem können sie mit einem geringen Selbstwertgefühl und Depressionen zu kämpfen haben.

Durchsetzungsfähige Menschen haben ein gesundes Selbstwertgefühl. Sie schätzen Partnerschaften, die fruchtbar sind und auf offener Kommunikation und gegenseitigem Respekt beruhen. Sie übernehmen die Verantwortung für ihre Gedanken, Worte und Taten. Durchsetzungsfähige Menschen setzen sich für sich selbst ein und nehmen ihre Rechte wahr, erkennen aber auch die Rechte und Perspektiven anderer an.

Warum sollte ein Unternehmen nicht wollen, dass alle seine Führungskräfte durchsetzungsfähig sind?

Durchsetzungsvermögen.

Selbstbewusste Menschen verfügen häufig über drei verschiedene Fähigkeiten. Die erste Voraussetzung ist die Fähigkeit, "Nein" zu sagen.

Auch wenn hier kulturelle Konventionen eine Rolle spielen mögen, sollten wir die Schuld nicht allein der Kultur geben. Vielen Menschen fällt es schwer, eine Einladung abzulehnen. Die Realität ist, dass Menschen oft "ja" sagen, wenn sie "nein" sagen möchten, weil sie befürchten, die andere Person zu verletzen oder unangenehm aufzufallen. Die Fähigkeit, "Nein" zu sagen, ermöglicht es uns jedoch, unsere wichtigste Ressource zu schützen: Zeit.

Es gibt viele nicht beleidigende Möglichkeiten, "Nein" zu sagen, und man kann sie lernen und üben. Wenn Sie beispielsweise Ihre Ablehnung begründen oder eine Alternative vorschlagen, können Sie Ihr "Nein" schmackhafter machen.

Ein weiterer Aspekt der Durchsetzungsfähigkeit ist die Fähigkeit, nachzufragen. Menschen unterlassen es oft, um Dinge zu bitten, die sie benötigen oder wünschen, um andere nicht zu verärgern oder um nicht unfähig oder fordernd zu erscheinen. Obwohl sie ein Anrecht auf viele dieser Dinge haben, zögern viele, sie zu verlangen.

Denken Sie an einen Anfänger, der zögert, um Hilfe zu bitten, oder der zu gehemmt ist, effizient zu delegieren. Glücklicherweise kann sie lernen, zu fragen, ohne sich aufzudrängen, wenn sie zum richtigen Zeitpunkt fragt und direkt und lächelnd ist. Entscheidend ist, dass Sie Ihre Bitte in Bezug auf die andere Person formulieren - machen Sie es ihr einfach, mit "Ja" zu antworten.

Durchsetzungsvermögen beinhaltet mehr als die Fähigkeit, nachzufragen und "Nein" zu sagen. Die dritte Gruppe von Fähigkeiten ist die Fähigkeit, selbstbewusst zu kommunizieren. Stellen Sie sich folgendes Szenario vor: Ihr Arbeitgeber tut etwas, von dem Sie wissen, dass es unangemessen ist. Werden Sie sich äußern oder schweigen? Die Fähigkeit, für sich selbst einzutreten, ist in einer Vielzahl von Situationen von Vorteil.

Neben der Entwicklung selbstbewusster Kommunikationsfähigkeiten können wir auch selbstbewusstes Verhalten entwickeln. Dazu gehört, dass wir uns nicht durchsetzungsfähige Verhaltensweisen, Gesten und Sprachmuster abgewöhnen und stattdessen durchsetzungsfähige und selbstbewusste Verhaltensweisen einsetzen.

Vermeiden Sie passive Verhaltensweisen, wie z. B. das Vermeiden von Blickkontakt, ein lässiges Auftreten, zu leises Sprechen und unentschlossenes Auftreten. Vermeiden Sie passive Sprachmuster wie abschweifende oder zweideutige Äußerungen, viele Ausreden oder Entschuldigungen und selbstzerstörerische Äußerungen.

Nehmen Sie durchsetzungsfähige Verhaltensweisen an, wie z. B. eine gute Körperhaltung, den Menschen in die Augen schauen, sich zielstrebig und selbstbewusst bewegen und entschlossen sein. Sprechen Sie mit Autorität und Komfort, formulieren Sie Ihre Bedürfnisse klar und offen und gehen Sie sensibel auf andere ein.

Wenn Unternehmen Selbstbehauptung als eine Reihe von erlernbaren Fähigkeiten und Verhaltensweisen betrachten, können sie ihren Führungskräften helfen, auf den höchsten Ebenen der Organisation erfolgreich zu sein.

KAPITEL 3

Die Bedeutung von Durchsetzungsvermögen für Manager.

Durchsetzungsvermögen ist ein Grundgedanke des Personalmanagements. Eine solide Kenntnis des Konzepts der Durchsetzungsfähigkeit gibt jeder Führungskraft eine klare Orientierung und die notwendigen sprachlichen Mittel an die Hand, um effektiv mit Teammitgliedern, Kollegen und dem Management zu interagieren.

Der selbstsichere Manager.

Durchsetzungsvermögen basiert auf gegenseitigem Respekt: Ich respektiere sowohl dich als auch mich. Durchsetzungsvermögen bedeutet, seine Ziele zu erreichen, ohne anderen zu schaden oder sie zu verärgern. Die durchsetzungsstarke Person versucht, die andere Person zu verstehen, um eine Win-Win-Situation für beide Parteien zu erreichen.

Der durchsetzungsfähige Manager belehrt den anderen nicht und hat auch nicht das Bedürfnis, ihn anzugreifen. Sie sind auch nicht sanftmütig, fürchten sich davor, andere zu verletzen oder versuchen, es allen recht zu machen.

Eine selbstbewusste Führungskraft verdient sich den Respekt jedes Teammitglieds und jedes Mitglieds. Sie sind selbstbewusst und sprechen auf eine Art und Weise, die geradlinig, positiv, direkt und respektvoll ist. Das Verhalten der Führungskraft zeigt, dass sie andere respektiert. Sie werden niemals schlecht über jemanden sprechen, unabhängig davon, ob dieser anwesend ist oder nicht. Es gibt keinen Klatsch, kein schlechtes Gerede und keine Herabsetzung anderer.

Der aggressive Manager.

Aggressive Menschen sind Personen, die ausschließlich auf ihre Rechte, Interessen und Wünsche bedacht sind. Sie können sich sehr wohl in einer Weise verhalten, die die andere Person schädigt oder herabsetzt. Eine aggressive Person kann dies absichtlich tun, um anzugreifen, oder sie tut es, weil sie sich nicht um die Reaktion der anderen Person auf ihr Verhalten kümmert.

Der aggressive Manager wird:

• Das Bedürfnis haben, andere zu dominieren oder zu gewinnen

• Ignorieren Sie den Standpunkt der anderen Person - entweder vollständig oder abwertend. Dein Weg ist dumm. Dies ist der vernünftige Weg.'

• Kümmere dich nicht darum, wie deine Handlungen auf andere wirken. - sie sind nur mit ihren Gefühlen beschäftigt

• Glauben, dass sie immer die Kontrolle über eine Situation haben und sich nie irren

• Intolerant gegenüber Fehlern sein - und wütend werden

Der unterwürfige Manager.

Unterwürfigkeit bedeutet, die Rechte anderer über die eigenen zu stellen. Es bedeutet, so zu handeln, wie es andere wünschen, nicht weil man es will, sondern weil man sich dazu gezwungen fühlt.

Der unterwürfige Manager wird:

• Zögernd, unsicher und unentschlossen

• Sie versuchen, es anderen recht zu machen und ändern daher oft ihre Meinung

• Glauben, dass sie ihre Meinung nicht äußern sollten, entweder weil sie kein Vertrauen in sich selbst haben oder weil sie eine Beziehung nicht stören wollen

• Sie fühlen sich von anderen Managern herabgesetzt und können sich als Opfer fühlen

• Sie weigern sich, die Verantwortung für ihr Verhalten zu übernehmen - es ist nicht meine Schuld

Sie reagieren übermäßig auf andere und sind leicht zu verletzen oder zu beleidigen Sie akzeptieren bereitwillig die Entscheidungen anderer, auch wenn sie für sie selbst nachteilig sind, weil sie sich dazu gezwungen fühlen:

- Tun, was sie nicht tun wollen - und hinter den Kulissen jammern

Selbstbewusste Sprache.

Bei der Führung von Mitarbeitern muss die Führungskraft eine klare, positive Sprache verwenden, um ihre Erwartungen zu vermitteln und Anweisungen zu geben. Eine Führungskraft kann eine durchsetzungsfähige, direkte Anweisung erteilen. Dabei bezieht sich die Führungskraft auf die Leistung oder das Verhalten, nicht auf die Person:

Das ist die Technik, deshalb ist sie wichtig, und das ist Ihr Stundenziel. Wenn Sie dies erreichen, haben Sie einen produktiven Arbeitstag hinter sich! Das ist es, was ich von Ihnen erwarte.

Das ist der Zeitpunkt, um eine Pause zu machen. Jeder muss sich daran halten, deshalb sind sie so wichtig. Ich erwarte daher, dass sich jeder strikt an diese Zeiten hält.

Derzeit ist Ihre Leistung. In der folgenden Phase geht es darum, diesen Bereich zu verbessern. Was ich von Ihnen verlange, ist, und das Ergebnis wird sein.

Um das Teammitglied weiterzuentwickeln, ist es noch aggressiver, zu FRAGEN statt zu SAGEN.

Dies ist das Ziel; wie glauben Sie, dass wir es erreichen können?

Das ist Ihr Ziel; was Sie erreicht haben, war. Kennt jemand einen effektiveren Weg, um dieses Ziel zu erreichen?

Wirksame Mitarbeiterführung erfordert Durchsetzungsvermögen.

KAPITEL 4

Sind Sie gegenüber den Mitgliedern Ihres Managementteams durchsetzungsfähig?

Es kann schwierig sein, seine Gefühle zu erklären, ohne wütend oder gar aggressiv zu werden, vor allem, wenn Sie glauben, dass andere Ihren Standpunkt abtun und Ihre Gefühle oder Ihre Sichtweise nicht berücksichtigen.

Es ist wichtig, dass Sie Ihre Reaktion auf Konfliktsituationen erkennen und kontrollieren. Personen, die Meinungsverschiedenheiten um jeden Preis vermeiden wollen, werden vielleicht still und ziehen ihren Standpunkt schnell wieder zurück, oder sie vermeiden es, bestimmte Angelegenheiten mit Kollegen oder Vorgesetzten zu besprechen.

Andere Teammitglieder können Schwierigkeiten haben, ihre Gedanken zu artikulieren, und reagieren schlecht auf bestimmte Themen, indem sie schädliche, sogar feindselige und demütigende Strategien anwenden, um sicherzustellen, dass ihre Forderungen und Anforderungen immer über die der anderen Mitarbeiter hinaus erfüllt werden. Diese Art von Problemen schadet letztlich dem Führungsteam und der Effektivität der Organisation!

Durchsetzungsvermögen ist die Fähigkeit einer Person oder eines Führungsteams, ihre Forderungen mutig und kontrolliert zu artikulieren und zu kommunizieren und gleichzeitig Einfühlungsvermögen für die Bedürfnisse anderer zu zeigen.

Körpersprachliche Hinweise wie Augenkontakt, Körperhaltung, Gesten, Mimik, Lautstärke und Tonfall tragen wesentlich dazu bei, passives, durchsetzungsfähiges oder sogar feindseliges Verhalten gegenüber anderen zu verdeutlichen.

Wie kann ein Qualitätsmanager dem Produktionsleiter mitteilen, dass er eine Produktionslinie aufgrund eines Qualitätsproblems abschalten muss?

(a) STOPPEN Sie die Leitung SOFORT!

(b) SIE MACHEN STÄNDIG FEHLER, und SIE HABEN ES WIEDER GETAN!

(c) Ich glaube, WIR haben ein Problem; können wir es diskutieren und uns auf die notwendigen Schritte einigen, um es zu überwinden?

Bei der Durchsetzungsfähigkeit geht es darum, Ihre Integrität zu demonstrieren und Ihr Recht zu rechtfertigen, Ihre Ansichten und Meinungen zu äußern und Ihre Aufgaben zu erfüllen. Es geht auch darum, um Informationen oder Unterstützung bitten zu dürfen, sich ausreichend Zeit zu nehmen, um zu Schlussfolgerungen zu gelangen, oder sogar seine Meinung zu ändern, ohne Angst zu haben, die Position des Teams zu gefährden.

Bei der Durchsetzungsfähigkeit im Team geht es darum, anzuerkennen, dass wir alle als Menschen in der Lage sind, Fehler zu machen oder Fristen zu versäumen. Diese Schwierigkeiten lassen sich in einem guten und nicht in einem unangenehmen Arbeitsumfeld leichter beheben.

Bei der Durchsetzungsfähigkeit geht es darum, die Auswirkungen einer Situation auf andere abzuschätzen und herauszufinden, wie man ihre Sorgen und Fragen beantworten kann, um sicherzustellen, dass sie verstehen, warum man eine Aussage macht oder eine Entscheidung trifft, insbesondere wenn sie nicht am Entscheidungsprozess beteiligt sind.

Bei der Durchsetzungsfähigkeit geht es darum, ein positives Bild des Managements und der Organisation nach innen und außen gegenüber Kollegen und Kunden zu vermitteln.

Um die Fähigkeit zur Durchsetzungsfähigkeit zu erlangen, braucht man Zeit, Ausdauer und die Fähigkeit, die Situation so zu sehen, wie sie ist.

Sie möchten etwas tun und benötigen die Unterstützung eines anderen. Sie können darum bitten, es einfordern oder sich zurücklehnen und warten, bis es geschieht. Das erste Verhalten steht für Selbstbehauptung oder das Durchsetzen der eigenen Rechte, ohne die Rechte anderer zu verletzen.

Die zweite ist Aggressivität: Sie machen Ihre Rechte geltend und verletzen gleichzeitig das Selbstbestimmungsrecht des anderen. Die dritte Möglichkeit ist der Verzicht oder die Weigerung, seine Rechte überhaupt geltend zu machen.

Durchsetzungsvermögen ist nicht einfach. Wie jede andere Äußerung von Emotionen birgt sie ein gewisses Risiko, denn unsachgemäß gehandhabte Emotionen am Arbeitsplatz sind eine bekannte Quelle für Wut oder Konflikte. Wenn man jedoch zulässt, dass die Angst vor Meinungsverschiedenheiten den Ausdruck verhindert, fördert dies Spannungen und Ängste.

Viele Menschen haben Schwierigkeiten, herauszufinden, welche Kämpfe sie ausfechten sollen, bis sie eine angemessene Äußerung ihrer Gefühle für möglich halten. Um Konflikte zu vermeiden, geben sie entweder bei wichtigen Themen nach oder nehmen bei einem unbedeutenden Thema eine selbstbewusste Haltung ein.

Denken Sie daran:

Sie haben die Kontrolle über Ihre Gefühle und können die Situation, die Ihnen Kummer bereitet, ändern, indem Sie sich durchsetzen. Überlegen Sie, was Sie aufgeben und wie schwer es sein wird, es zurückzugewinnen, wenn Sie die Konfrontation mit einem Problem aufschieben.

Entwickeln Sie Ihre rationalen Fähigkeiten. "Fragen Sie sich: "Habe ich alle Fakten? Übertreibe ich? Mache ich mir umsonst Sorgen? Was gebe ich auf, wenn ich zulasse, dass die Situation fortbesteht? Kann es sein, dass ich die Quelle des Konflikts bin?

Aufschieben führt zu Schaden! Je länger man die Konfrontation mit einer Situation und die Lösung von Problemen hinauszögert, desto mehr Schaden kann entstehen. Aufgestaute Feindseligkeit entlädt sich schließlich an den Mitmenschen oder implodiert in Form eines schlechten Selbstbildes oder körperlicher Probleme, die mit Spannungen einhergehen.

Der Einzelne nimmt in Situationen, die nicht gegen ihn gerichtet sind, die Position der Zielperson ein, indem er die Dinge persönlich nimmt. Es ist sicherer, davon auszugehen, dass fast alle Probleme beruflicher Natur sind, und sie entsprechend zu behandeln.

In dem Moment, in dem Sie beginnen, die Dinge persönlich zu nehmen, untergraben Sie Ihre Fähigkeit zum rationalen Denken und damit auch Ihre Durchsetzungsfähigkeit. Prüfen Sie, ob sich das Risiko der Selbstbehauptung lohnt, indem Sie abwägen, ob Sie etwas davon haben oder nicht. Wenn Sie nicht aktiv werden, können Sie einen

Präzedenzfall für andere schaffen, die Sie ausnutzen oder schlecht behandeln.

KAPITEL 5

Die Barrieren der Durchsetzungsfähigkeit in Projektmanagement-Teams.

Durchsetzungsvermögen ist die Fähigkeit, einen Beitrag zu leisten und einen Standpunkt darzulegen, während man den Standpunkten der anderen Teammitglieder aufmerksam zuhört. Ziel ist es, Konflikte zu lösen und die beste Vorgehensweise zu bestimmen. So hat die Marine beispielsweise festgestellt, dass Kopiloten gelegentlich nicht bereit waren, sich durchzusetzen und den Kapitän anzusprechen, wenn sie einen Fehler oder ein Problem sahen.

Wenn es an Durchsetzungsvermögen mangelt, werden Fehler und Irrtümer begünstigt. Nach einem echten Gespräch und dem Austausch von Standpunkten entsteht kein Gefühl der Einigkeit, sondern eher ein falscher Eindruck von Konsens. Die besten Ideen werden nicht vorgebracht, und die schlechtesten werden nicht bekämpft. Um ein effektives Projektteam zu bilden, ist Durchsetzungsvermögen wichtig.

Die Marine hat sechs häufige Hindernisse für die Durchsetzungsfähigkeit in Teams festgestellt, die wir in unseren Projektteams untersuchen sollten. Sie lauten wie folgt:

• Unterschiede in den Autoritätsebenen

• Unterschiedlicher Grad an Erfahrung

• Furcht vor Repressalien

• Geringes Maß an Komfort

• Unfähigkeit zur Konzentration

Unterschiedliche Autoritätsebenen deuten darauf hin, dass je höher zwei Personen in der

Organisationsstruktur stehen, desto mehr zögern die Mitglieder der unteren Ebene, energisch aufzutreten.

Sie nehmen vielleicht eine "Wer bin ich, dass ich das anspreche"-Haltung ein oder gehen davon aus, dass die "ranghöhere" Person über das Thema Bescheid wissen muss. Dies kann in Gesellschaften, die auf einer Befehlskette beruhen, wie z. B. im Militär, besonders schwierig sein.

Unterschiedliche Erfahrungsniveaus sind mit unterschiedlichen Autoritätsniveaus vergleichbar, da Personen mit weniger Erfahrung dazu neigen, denjenigen mit mehr Fachwissen den Vortritt zu lassen.

Dies hängt mit der Vorstellung zusammen, dass eine Person weniger durchsetzungsfähig ist, wenn sie befürchtet, Vergeltungsmaßnahmen zu ergreifen. Dies könnte eine Folge organisatorischer und kultureller Schwierigkeiten sein, die die Durchsetzungsfähigkeit eher hemmen als fördern. Auch wenn es innerhalb einer Organisation keine offiziellen Vergeltungsmaßnahmen gibt, stellen subtile Repressalien oft ein Hindernis für die Durchsetzungsfähigkeit dar.

Außerdem wird die Durchsetzungsfähigkeit durch den Grad des eigenen Wohlbefindens beeinflusst. Menschen sind weniger durchsetzungsfähig, wenn sie mit dem Tempo und der Komplexität der Arbeit unzufrieden sind.

Sie haben vielleicht Zweifel an dem, was sie erlebt haben, ob sie wirklich verstehen, wovon sie sprechen, oder ob sich die Zeitinvestition lohnt. Wenn das Arbeitstempo und die Komplexität der Arbeit hoch sind, muss ein Projektmanager oder Teamleiter äußerst vorsichtig sein, wenn er Informationen von den Teammitgliedern einholt.

Schließlich kann sich das Fehlen eines definierten Ziels und Auftrags in einem Team oder einer Organisation als Mangel an Durchsetzungsvermögen äußern. Wenn Menschen sich auf die Erreichung eines bestimmten Ziels konzentrieren und sich dafür einsetzen, werden sie eher energisch reagieren, wenn sie etwas beobachten, das das Ziel gefährden könnte. Wenn die "Arbeit" Routine ist und die Menschen unklar oder unsicher sind, was das eigentliche Ziel ist, werden sie weniger durchsetzungsfähig sein.

Sie werden nichts sagen, wenn sie nicht wissen, wie sich das Problem auf den Auftrag auswirkt, oder es ihnen egal ist. Um diese Hindernisse aus dem Weg zu räumen, bedarf es konsequenter, zielgerichteter Bemühungen. Obwohl Durchsetzungsvermögen in Ihrer Arbeitskultur verankert werden sollte, muss es gefördert werden. Sie müssen darüber sprechen, sie ermutigen, sie schulen, sie an die Mitarbeiter herantragen, die Erwartung formulieren, Personen unterstützen, die energisch auftreten, und niemals auch nur subtile Vergeltungsmaßnahmen dulden.

Wenn ein Projektteam ein angemessenes Durchsetzungsvermögen an den Tag legt, werden Schwierigkeiten nicht verdrängt, gute Ideen werden geäußert, die Kommunikation wird verbessert, und das Team erreicht sein Ziel und seinen Auftrag effektiver.

KAPITEL 6

Wie Sie Ihre Ziele durch angemessenes Durchsetzungsvermögen erreichen.

Mit anderen Worten: Durchsetzungsvermögen bedeutet, den Mut zu haben, das zu tun, was man für richtig hält, auch wenn man dafür die Konsequenzen in Kauf nehmen muss. Durchsetzungsvermögen ist im Wesentlichen eine Frage des Mutes - der Tapferkeit, das zu tun, wovon man im Herzen weiß, dass es richtig ist, ungeachtet der möglichen Konsequenzen.

Durchsetzungsvermögen befindet sich auf einem Spektrum zwischen dem sanften und dem aggressiven Pol. Betrachten Sie die Durchsetzungsfähigkeit als ein Spektrum; es reicht von 1 bis 10, wobei 1 für die meisten Menschen bescheiden und 10 übermäßig stark ist. Die

Durchsetzungsfähigkeit hängt von den jeweiligen Umständen ab.

Der Grad Ihrer Durchsetzungsfähigkeit wird in der Regel durch die Funktion bestimmt, die Sie ausüben, z. B. als Elternteil, Ehepartner, Chef oder Freund. Ein knallharter, ergebnisorientierter Manager kann zum Beispiel bei der Arbeit ziemlich durchsetzungsfähig sein, aber zu Hause bei seiner Frau und seiner heranwachsenden Tochter eher ruhig. Durchsetzungsvermögen ist also kontextabhängig.

Das Ziel besteht darin, die Fähigkeit zu entwickeln, sich wirksam durchzusetzen, ohne zum Tyrannen zu werden. Dies ist zwar eine schwierige Aufgabe, aber mit Übung und Bewusstsein ist sie machbar.

Beenden Sie Ihre Feigheit.

Die meisten Menschen sind zumindest in manchen Situationen Weicheier. Feiglinge sind Menschen, die nicht in der Lage oder nicht willens sind, "Nein" zu sagen, hauptsächlich aus Angst.

Feigheit variiert je nach den Umständen. Sie können ein allgegenwärtiges Weichei sein, was bedeutet, dass Sie in jeder Situation und bei jedem Menschen ein Weichei sind. Oder Sie sind ein situativer Feigling. Sie können bei der Arbeit ein Tyrann sein und zu Hause ein Drückeberger, selbstbewusst gegenüber Fremden, aber rückgratlos gegenüber Freunden.

Bitte beachten Sie, dass ich den Begriff "Weichei" in einer respektvollen und einfühlsamen Weise verwende. Viele Schwächlinge sind in einigen Bereichen ihres Lebens durchsetzungsfähiger als in anderen. Ich arbeite ständig an meiner Kühnheit.

Erkennen Sie, dass es kurzfristig ganz gut funktioniert, ein Weichei zu sein, weil Sie damit niemanden verärgern können. Lassen Sie den Leuten ihren Willen, und niemand wird verärgert sein. Auf lange Sicht jedoch vergraben sich Ihre Enttäuschung und Ihr Zorn tief in Ihnen.

Wenn Sie versuchen, immer mehr Wut in Ihren emotionalen Tank zu laden, läuft der Tank schließlich über, was zu Frustration, Wutausbrüchen und passiv-aggressivem Verhalten führt. Sie werden auf die falschen Leute wütend, auf diejenigen, die Ihren Hass nicht verdienen.

Das Verschweigen von Emotionen kann sich körperlich in Form von Migräne, Magenschmerzen, Bluthochdruck, Schlaganfall und sogar Herzinfarkt äußern. Kurz gesagt: Feigheit ist schädlich für die Gesundheit und das eigene Glück. Um ein sinnvolles, glückliches und gesundes Leben zu führen, müssen Sie lernen, sich wirksam durchzusetzen.

Was sind also Ihre Möglichkeiten? Wie überwinden Sie Ihre Feigheit und werden durchsetzungsfähig?

Bestimmen Sie Ihre Grundwerte.

Bestimmen Sie zunächst, welche Werte für Sie am wichtigsten sind. Das Erkennen Ihrer Grundwerte soll Ihnen in Zeiten von Schwierigkeiten oder

Verwirrung als Orientierung dienen. Wenn Sie sich über Ihre Werte im Klaren sind, fällt es Ihnen viel leichter, sich für ein bestimmtes Vorgehen zu entscheiden und selbstbewusst zu handeln. Ihre Ideale dienen als Grundlage für Ihre neu erworbene Durchsetzungsfähigkeit.

Überlegen Sie Folgendes.

Was bin ich wert?

Wie sind Sie?

Welche Werte bin ich bereit, öffentlich zu vertreten?

Für welche Werte bin ich bereit, mein Leben hinzugeben?

Nachdem Sie Ihre Werte identifiziert haben, müssen Sie feststellen, ob Ihre Worte mit Ihren Gefühlen, Ideen und Handlungen übereinstimmen.

Je besser Ihr Leben ist, desto authentischer sind Sie. Authentizität bezieht sich auf die Übereinstimmung Ihrer Prinzipien mit Ihren Worten, Gefühlen und Handlungen. Je mehr Übereinstimmung es zwischen Ihrer inneren und äußeren Welt gibt, desto authentischer sind Sie.

Die ganze Sache, Ihr ganzes Leben, wird von Werten geleitet. Werte bieten einen Kontext für die Entscheidungsfindung. Wenn Sie es eilig haben, ist es wichtig, Ihre Werte im Auge zu behalten. Wenn Sie ängstlich, deprimiert oder erschöpft sind, sind Ihre Werte wichtig.

Damit sie Ihnen jedoch helfen, müssen Sie sich Ihre fünf wichtigsten Werte einprägen. Sie müssen automatisch, unbewusst und oft wiederholt werden, bis sie sich eingeprägt haben. Es reicht nicht aus, sie ein- oder zweimal im Jahr zu überprüfen. Unregelmäßige Besuche der Werte reichen nicht aus, um sie dauerhaft in Ihr Langzeitgedächtnis einzuprägen.

Bestimmen Sie, wie Sie von anderen behandelt werden möchten

Wenn Sie von anderen anders behandelt werden wollen, müssen Sie sich zunächst darüber klar werden, wie Sie selbst behandelt werden wollen.

Wünschen Sie sich, dass Ihre Frau Sie nicht mehr ausschimpft?

Möchten Sie, dass Ihr Mann Ihnen mehr Respekt entgegenbringt?

Möchten Sie, dass Ihr Vorgesetzter Sie mit tiefer Stimme anspricht?

Möchten Sie, dass Ihre Kinder Ihnen beim Putzen des Hauses helfen?

Bestimmen Sie, wie Sie von anderen Menschen behandelt werden wollen. Überlegen Sie, was Sie im Laufe des Tages wütend oder reizbar macht. Machen Sie sich über alles Gedanken. Entscheiden Sie dann, was Sie in jeder Ihrer Beziehungen ändern wollen.

In welchen Bereichen Ihres Lebens gibt es Ihrer Meinung nach Ungerechtigkeiten? Was sind Sie bereit zu tolerieren? Was dulden Sie?

Wenn die Antworten auf diese Fragen klar werden, werden sich die Prioritäten für entschlossenes Handeln ganz natürlich herauskristallisieren.

Bitten Sie um das, was Sie sich wünschen.

Nachdem Sie herausgefunden haben, wie Sie behandelt werden möchten, fordern Sie es ein. Dieser Schritt erfordert Mut, aber mit etwas Übung wird er leichter und ist nicht annähernd so schwierig, wie Sie glauben. Wenn Sie mit mehr Respekt behandelt werden möchten, müssen Sie lernen, sich selbst auszudrücken, Ihr authentisches Ich, das, was Sie wirklich wünschen und fühlen. Wenn Sie lernen auszudrücken, wie Sie sich fühlen und was Sie wollen, wird sich Ihr ganzes Leben verbessern.

Wenn Sie um etwas bitten, seien Sie so deutlich wie möglich. Fassen Sie sich kurz und prägen Sie sie sich ein; so können Sie sich auch während eines emotional intensiven Gesprächs daran festhalten.

Um Ihre Schwäche zu überwinden, zeigen Sie Mut. Jedes neue Verhalten ist zunächst ungewohnt. Am Anfang mag es sich seltsam anfühlen. Die meisten neuen Verhaltensweisen brauchen etwa vier Wochen, um sich zu etablieren. Nach vier Wochen wird sich die echte Kommunikation Ihrer Gedanken, Gefühle und Bedürfnisse völlig natürlich anfühlen, und Sie werden sich fragen, warum Sie das nicht schon früher getan haben.

Gewöhnen Sie sich daran, "Nein" zu sagen.

Viele von uns haben die ungesunde Angewohnheit entwickelt, zu allem und jedem "Ja" zu sagen. Dies ist jedoch nur eine schlechte Angewohnheit, die man sich abgewöhnen kann. Wenn es Ihnen schwer fällt, "Nein" zu sagen, oder wenn Ihnen die Formulierung "Ich werde darüber nachdenken" zu unangenehm ist, verwenden Sie die Formulierung "Ich werde es mir überlegen".

Dies ist nur eine Überbrückungsmaßnahme. Sie können damit Zeit gewinnen. Mit der Aussage "Ich werde es mir überlegen" schrecken Sie die andere Person zwar eine Zeit lang ab, erhöhen aber Ihre Anspannung, weil Sie eine endgültige Antwort nur hinauszögern.

Denken Sie also daran, dass es letztlich darum geht, "Nein" zu sagen, ohne sich schuldig zu fühlen. Sie haben das Recht, jede an Sie gerichtete Bitte abzulehnen. Sie sind es zuerst sich selbst schuldig, sich um sich selbst zu kümmern.

Die Fähigkeit entwickeln, Veränderungen zu akzeptieren.

Der nächste Schritt auf dem Weg zu mehr Durchsetzungsvermögen besteht darin, eine Wertschätzung für Veränderungen zu entwickeln. Ihre Beziehungen werden sich verändern, wenn Sie beginnen, Ihre Ideale zu leben und energischer zu werden. Sie sind im Begriff, Ihr Leben und die Art und Weise, wie Sie sich mit anderen verbinden, erheblich zu verändern. Die einzige Konstante in diesem Leben ist die Gewissheit, dass Veränderungen eintreten werden. Das Beste, worauf Sie hoffen können, ist, dass Sie eine Wertschätzung für Veränderungen entwickeln.

Ermitteln Sie, was Sie ängstlich macht - und gehen Sie ihm nach.

Viele von uns Weicheiern haben anderen große Angst davor eingeflößt, was passieren wird, wenn wir endlich "Nein" sagen. Wir geraten in eine Abwärtsspirale katastrophalen, pessimistischen Alles-oder-nichts-Denkens.

Oft handelt es sich dabei um ungerechtfertigte Ängste, die ins Ungeheure übertrieben werden. Die Wahrscheinlichkeit ist groß, dass nichts von alledem eintritt, wenn Sie aufstehen und sich richtig behaupten. Erinnern Sie sich selbst daran, sich Ihren Sorgen und schlechten Gedanken zu stellen.

Oft sind unsere Gedanken und Gefühle trügerisch. Es ist wichtig, sich negativen Überzeugungen zu stellen. Lassen Sie sie vorbeiziehen, ohne darauf zu reagieren. Stellen Sie sie der Realität gegenüber. Bestätigen Sie Ihre Gedanken mit anderen. Finden Sie heraus, was andere in Ihrem Vertrauenskreis zu dem Thema zu sagen haben.

Bitte verstehen Sie, dass Durchsetzungsvermögen NICHT gleichbedeutend mit Aggression ist. Um selbstbewusst zu sein, müssen Sie nicht unhöflich sein. Sie sind nicht gezwungen, jemanden anzugreifen, um Ihre Meinung und Ihre Gefühle mitzuteilen. Ihr Recht auf Selbstbehauptung ist unbestreitbar.

Sie haben das Recht, "Nein" zu sagen, und Sie haben die Verantwortung, herauszufinden, wer Sie sind. Wenn du etwas brauchst, hast du das Recht, darum zu bitten. "Nein' ist nicht erlaubt." Das ist der schlimmste Fall."

In jedem Fall müssen Sie verstehen, was Ihr Leben lebenswert macht, und für das kämpfen, woran

Sie glauben. Nehmen Sie es zur Kenntnis. Fordern Sie es ein. Streben Sie danach. Kämpfen Sie dafür.

Bevor Sie aggressiv sein können, müssen Sie zuerst wissen, was Sie wollen. Wenn Sie unsicher sind, können Sie nicht nachfragen.

Zusammenfassend lässt sich sagen, dass Durchsetzungsvermögen eine gewisse Kühnheit erfordert. Nur wenn man mit Angst konfrontiert wird, findet man Mut. Mut ist die Fähigkeit, sich seinen Ängsten zu stellen. Wenn Sie durchsetzungsfähig sein wollen, müssen Sie bereit sein, Risiken einzugehen und Dinge auf die richtige Art und Weise zu tun, auch wenn sie negative Auswirkungen haben.

Betrachten Sie die Durchsetzungsfähigkeit auf einer Skala von 1 bis 10, wobei 1 für bescheiden und 10 für sehr energisch steht.

Im Allgemeinen schwankt das Durchsetzungsvermögen je nach den Umständen. Sie ist kontextabhängig.

Letztendlich geht es darum, zu lernen, wie man aggressiv sein kann, ohne sich einschüchtern zu lassen.

KAPITEL 7

Die wichtige Rolle des Durchsetzungsvermögens bei der Führung von Managern.

Durchsetzungsvermögen wird oft falsch interpretiert und bekommt eine ganz andere Bedeutung als beabsichtigt. Wir hören zum Beispiel oft, dass jemand etwas sagt wie: 'Jane ist ziemlich durchsetzungsfähig. Alle haben Angst vor ihr.'

Wenn Jane wirklich durchsetzungsfähig wäre, würde sich niemand vor ihr fürchten, denn sie würde zwischenmenschliche Begegnungen geschickt und mitfühlend handhaben, um das zu erreichen, was in Lehrbüchern als "Win-Win" Ergebnisse bezeichnet wird, d. h. Ergebnisse zu erzielen, die für alle Beteiligten akzeptabel sind.

Wir müssen uns darüber im Klaren sein, dass der Begriff "aggressiv" nicht pampig oder aufdringlich bedeutet, sondern die Fähigkeit und das Engagement voraussetzt, dafür zu sorgen, dass niemandem, auch nicht Ihnen selbst, durch Ihren Umgang mit anderen ein Nachteil entsteht.

Durchsetzungsfähig zu sein bedeutet nicht, rücksichtslos zu sein und auf Kosten anderer das zu bekommen, was man will, aber es bedeutet, nicht zuzulassen, dass andere auf Ihre Kosten das bekommen, was sie wollen (unterwürfig oder nicht durchsetzungsfähig zu sein). Es ist ein Verhandlungsstil, der auf den folgenden Punkten beruht:

Wissen: Verständnis der Bedeutung von Durchsetzungsvermögen und der wichtigen Komponenten zwischenmenschlicher Beziehungen, die wir beeinflussen können (z. B. Verständnis von Schlüsselfaktoren wie Motivation, Konflikte und effektive Kommunikation).

Aktives Zuhören, Einfühlungsvermögen und die Fähigkeit, den eigenen Standpunkt zu vertreten, ohne aggressiv zu sein, sind wichtige Bestandteile der Durchsetzungsfähigkeit.

Werte: Es muss ein unerschütterliches Engagement für Gerechtigkeit vorhanden sein. Bei der Durchsetzungsfähigkeit geht es nicht darum, den Krieg zu gewinnen; es geht darum, sich ausreichend um die eigenen Wünsche und Interessen und die der anderen, mit denen man zu tun hat, zu kümmern, um eine Situation zu schaffen, die für alle akzeptabel ist. Bei Durchsetzungsvermögen geht es darum, Konflikte zu vermeiden, nicht darum, sie zu gewinnen.

Ein weiteres Beispiel dafür, dass Durchsetzungsvermögen falsch verstanden wird, sind Aussagen wie "Du solltest deinem Chef gegenüber nicht zu energisch sein, sonst wirst du gefeuert". Wenn wir uns das genau überlegen, wie ist es dann möglich, übermäßig aggressiv zu sein, übermäßig geschickt Ergebnisse zu erzielen, die für alle einigermaßen akzeptabel sind, oder sich übermäßig für die Entwicklung ausgezeichneter Arbeitsbeziehungen einzusetzen?

Wir müssen uns also von der Vorstellung verabschieden, dass Durchsetzungsvermögen gleichbedeutend damit ist, pampig oder fordernd zu sein. Möglicherweise verdient jeder, der gegenüber seinem Vorgesetzten (oder jedem anderen) pampig oder fordernd ist, eine Züchtigung.

Vielleicht rühren einige der Missverständnisse von der Vorstellung her, dass Durchsetzungsvermögen bedeutet, die eigenen Rechte durchzusetzen. Natürlich geht es darum, seine Rechte einzufordern, aber es kommt darauf an, wie man es tut. Man kann seine Rechte aggressiv einfordern und dabei andere missachten, aber das ist keine Durchsetzungskraft - ganz im Gegenteil.

Es wird zwar oft behauptet, dass Durchsetzungsvermögen voraussetzt, "Nein" zu sagen, aber das ist nicht richtig, denn "Nein" zu sagen bedeutet, dass ich meine Interessen wahrnehme, während ich Ihre zurückweise, was zu keiner "Win-Win"-Situation führt.

Richtiger ist es, Durchsetzungsvermögen als "Nein, aber" zu verstehen. - Das heißt, dass wir nicht zulassen, dass unsere Interessen und Bedürfnisse übergangen werden, aber dennoch bereit sind, Lösungen zu finden, die die Interessen und Bedürfnisse der anderen Person nicht gefährden.

Oft ist dies eine einfache Frage des Kompromisses, aber je geschickter wir uns durchsetzen können, desto erfinderischer werden wir bei der Entwicklung von Lösungen, die alle zufrieden stellen. Anstatt einen Konflikt zu lösen oder zu vermeiden, fördert ein "Nein" zusätzliche Konfrontationen.

Das gilt auch für das, was oft als "professionelles Durchsetzungsvermögen" bezeichnet wird. Dieser Begriff bezieht sich auf Situationen, in denen die zunehmende Bürokratie es den Fachleuten erschwert, ihr Wissen und ihre Fähigkeiten anzuwenden und ethisch zu handeln.

Ohne ein gewisses Maß an beruflicher Selbstbehauptung besteht die reale Gefahr, dass einige Menschen in diesen Zeiten des Managerismus, der Zielvorgaben und Indikatoren ihre Berufszulassung verlieren, wenn sie sich durch bürokratischen Druck zu einem Verhalten verleiten lassen, das nicht mit ihren Zulassungsbedingungen vereinbar ist.

Besonders bedeutsam am Konzept der beruflichen Durchsetzungsfähigkeit ist, dass es die Möglichkeit einer kollektiven Durchsetzungsfähigkeit schafft, von Gleichgesinnten mit gemeinsamen Interessen, die zusammenarbeiten, um unter schwierigen Bedingungen die bestmöglichen Ergebnisse zu erzielen.

Eine letzte grobe Vereinfachung betrifft die Wirksamkeit der Durchsetzungsfähigkeit. Einige Personen (z. B. in meinen Kursen) haben versucht, den Wert von Durchsetzungsvermögen zu untergraben, indem sie Beispiele anführten, in denen es versagt hat.

Das ist ein falsches Argument, denn die Tatsache, dass eine Strategie nicht zu 100 Prozent erfolgreich ist, bedeutet nicht, dass sie nicht wichtig oder lohnenswert ist. Würden wir Ansätze nur aufgrund ihrer Unwirksamkeit ablehnen, würden wir am Ende alle Ansätze ablehnen!

Durchsetzungsvermögen ist also kein Heilmittel, aber es ist wichtig, um mit anderen zu interagieren und die unvermeidlichen Spannungen und Konflikte zu bewältigen, die früher oder später auftreten. Wir sind erheblich benachteiligt, wenn wir unsere Durchsetzungsfähigkeit (und das damit verbundene Selbstvertrauen) nicht kultivieren.

Glücklicherweise handelt es sich um Fähigkeiten, die mit der Zeit entwickelt werden können, und das Leben bietet oft Gelegenheit, sie zu üben. Am Anfang sollte die Erkenntnis stehen, wie wichtig sie sind und wie viel wir verpassen, wenn wir glauben, Durchsetzungsvermögen sei optional.

KAPITEL 8

Wie Durchsetzungsvermögen für den Geschäftserfolg entscheidend sein kann.

Unternehmerischer Erfolg kann nicht zufällig entstehen. Wohlstand erfordert Planung und Vorbereitung sowie die Beibehaltung des Kurses des Unternehmens und die Vermeidung ineffizienter Umwege.

Jedes Unternehmen kann durch eine unvorhergesehene und potenziell kostspielige Abweichung vom gewünschten Kurs geschädigt werden - oder durch mangelndes Bewusstsein für die Aktivitäten der einzelnen Elemente der Organisation. Bedeutende Projekte können sich verzögern oder entgleisen; das Tagesgeschäft kann beeinträchtigt werden. Daher ist es wichtig, sicherzustellen, dass das Unternehmen wie geplant vorankommt.

Pläne funktionieren zweifellos reibungsloser, wenn alle Beteiligten vernünftig, hilfsbereit und freundlich sind. Bedauerlicherweise funktioniert das Leben nicht immer so. Von Verbrauchern, Kunden und Mitarbeitern zu erwarten, dass sie ständig im besten Interesse Ihres Unternehmens handeln, ist ein wenig unvernünftig.

Es liegt in der menschlichen Natur, dass man sich nie vollständig auf das Verhalten des Einzelnen verlassen kann; dafür sind wir alle viel zu kompliziert. Abgesehen davon müssen wir uns anpassen und die Hindernisse überwinden, die sich uns durch schlechtes Verhalten in den Weg stellen können.

Wenn Sie es mit Mitarbeitern zu tun haben, deren Verhalten zu einem Problem werden könnte, müssen Sie effektiv und korrekt handeln, um zu gewährleisten, dass der Fortschritt des Unternehmens nicht unterbrochen wird.

Unterwerfung und Aggression.

Im Mittelpunkt von Verhaltensproblemen stehen zwei entgegengesetzte emotionale Haltungen: Durchsetzungsvermögen und Unterwürfigkeit. Aggression bedeutet, dass die Position und die Grenzen der anderen Partei missachtet werden und ein dominantes Ergebnis angestrebt wird.

Unterwerfung hingegen ist respektlos - gegenüber der eigenen Position - und strebt danach, das Problem zu lösen, indem man den Aggressor besänftigt. Keine dieser beiden Haltungen ist für das Wachstum und die Stabilität eines Unternehmens förderlich.

Während unterwürfiges Verhalten das Unternehmen in Gefahr bringt, Schaden zu nehmen, ist aggressives Verhalten ebenso nachteilig. Aggression mag vorübergehend Vorteile bringen - aber sie wird jede Beziehung zu den Kunden zerstören, für Unruhe unter den Mitarbeitern sorgen und die Kunden vergraulen. Auf lange Sicht liegt der einzig gangbare Weg irgendwo zwischen diesen beiden Extremen.

Durchsetzungsfähiges Verhalten sucht den goldenen Mittelweg und respektiert alle Parteien (auch die durchsetzungsfähige Partei selbst). Wenn sie mit aggressiven Positionen konfrontiert werden, schützen die durchsetzungsfähigen Personen sich selbst, ihre Interessen und ihre Grenzen, ohne zu versuchen, den Angreifer zu überwältigen oder zu kontrollieren.

Bei einer unterwürfigen Haltung hingegen respektiert die durchsetzungsfähige Person die Grenzen der anderen Partei und verzichtet vollständig auf Aggressivität. Wenn Sie eine selbstbewusste Haltung einnehmen, können Sie die Kontrolle behalten, auch wenn andere die Beherrschung verlieren.

Durchsetzungsfähige Verhaltensweisen.

Es reicht jedoch nicht aus, sich zu entscheiden, in einer bestimmten Situation energisch aufzutreten und zu erwarten, dass alles glatt läuft. Wenn Sie bisher eine passive oder aggressive Haltung eingenommen haben, müssen Sie erhebliche

Veränderungen vornehmen, um eine durchsetzungsfähige Position zu erreichen - und Sie müssen auf diese Veränderungen vorbereitet sein.

Wenn Sie sich im Voraus Zeit nehmen können, um alle möglichen Szenarien durchzuspielen, können Sie sich besser auf das Verhalten einstellen, das Ihnen begegnen wird, und Sie sind gewarnt. Wenn durchsetzungsfähiges Verhalten für Sie nicht selbstverständlich ist (wie für einen Großteil von uns), kann es von großem Nutzen sein, sich im Voraus eine angemessene Reaktion zu überlegen, wenn der Druck weg ist.

Es ist wichtig zu wissen, wann man Ja und wann man Nein sagen sollte; wenn Sie auf solche Fragen vorbereitet sind, wird es Ihnen leichter fallen, Ihren Standpunkt zu vertreten. Diejenigen, die eine aggressive Position einnehmen, werden wahrscheinlich versuchen, Sie zu manipulieren, aber es wird viel einfacher sein, sich dagegen zu wehren, wenn Sie dies vorhersehen. Wenn Sie darauf vorbereitet sind, fällt es Ihnen auch leichter, dem

Drang zu widerstehen, eine unterwürfige Partei zu kontrollieren.

Durchsetzungsvermögen in der Kommunikation.

Doch selbst wenn Sie sich gut vorbereiten, wie können Sie sicher sein, dass Ihr Gegenüber Ihren Standpunkt richtig verstanden hat? Körpersprache und Tonfall sind wichtige Komponenten bei der Bewältigung von Verhaltensproblemen, sowohl bei Ihnen selbst als auch bei anderen.

Die energische Partei wird die Fassung bewahren und den persönlichen Raum des anderen respektieren. Wenn man mit einer unterwürfigen Position konfrontiert wird, ist es wichtig, einen konsequenten, nicht konfrontativen Ton und Wortschatz beizubehalten und körperlich einschüchternde Verhaltensweisen zu vermeiden (z. B. zu nahes Auftreten, Vorbeugen, aggressive Handbewegungen).

Auf der anderen Seite würde ein aggressiver Ansatz genau diese Handlungen sowie kraftvolle und bedrohliche Worte und Töne beinhalten - und sollte mit einem einheitlichen Tonfall, präzisen und genauen Worten und einer festen Haltung, die weder nach vorne noch nach hinten gerichtet ist, beantwortet werden.

Der Angreifer kann unterwürfige Verhaltensweisen wie einen unsicheren Tonfall und ein automatisches Zurücklehnen oder Wegtreten erwarten. Wenn Sie diese Verhaltensweisen vermeiden, senden Sie dem Angreifer die klare Botschaft, dass Sie sich behaupten und Ihren Standpunkt zum Ausdruck bringen.

Der Umgang mit problematischem Verhalten ist ein unvermeidlicher Bestandteil des Geschäftslebens, und der Erfolg hängt nicht davon ab, wie häufig solche Schwierigkeiten auftreten, sondern davon, wie sie bewältigt werden. Ihr Unternehmen wird enorm davon profitieren, wenn Sie die wahrscheinlich auftretenden Verhaltensprobleme vorhersehen und verstehen können, eine energische Haltung einnehmen und diese für alle sichtbar machen.

Durchsetzungsvermögen muss erlernt und vorbereitet werden, und ein kurzes Training kann in dieser Hinsicht von Vorteil sein - und ein neuer, durchsetzungsfähigerer und erfolgreicherer Mitarbeiter kann an der Spitze der besseren Zukunft Ihres Unternehmens stehen.

KAPITEL 9

Sich selbst durchsetzen, indem man richtig "Nein" sagt.

Eine Eigenschaft, die jeder Vorgesetzte bei Bewerbern für ein Team sucht, ist die Fähigkeit, effektiv mit Kunden und Kollegen zu kommunizieren. Auf der anderen Seite suchen Manager nicht nach Personen, die sich ihrer Kommunikationsfähigkeiten sicher sind.

Die Unternehmen von heute suchen Bewerber, die ihre Botschaft und ihre Ansichten wirksam vermitteln können. Sie suchen nach Personen, die weder passiv noch aggressiv sind, sondern in der Lage sind, die Grenzen zu überwinden, die zu Missverständnissen am Arbeitsplatz führen.

Kurz gesagt, sie suchen nach durchsetzungsfähigen Fachleuten. Eine Methode zur Verbesserung des Durchsetzungsvermögens im Beruf besteht darin, zu lernen, "Nein" zu sagen. Jeder Berufstätige ist sich bewusst, dass passives oder unterwürfiges Verhalten dazu führen kann, dass man eingeschüchtert wird, wenn man auf bestimmte Wünsche eingeht. Wenn Sie lernen wollen, wie man richtig Nein sagt, finden Sie hier drei Tipps:

Seien Sie direkt und ehrlich, aber nicht unhöflich. Manche Menschen verwechseln "Nein" sagen oft mit "unhöflich sein". Tatsächlich wird das Ablehnen einer Bitte trotz einer angemessenen Erklärung oft als unhöflich interpretiert.

Eine ausgezeichnete Technik, um Bitten abzulehnen und dabei respektvoll zu bleiben, ist ein klares und ehrliches Nein. Um nicht abrupt zu wirken, sprechen Sie sanft, ehrlich und warmherzig. Entschuldigen Sie sich auch nicht für etwas, das nicht Ihre Schuld ist, und vermeiden Sie ausführliche Rechtfertigungen für Ihr Nein.

Anstatt zu sagen: "Es tut mir aufrichtig leid, aber ich kann heute nicht kommen, weil mein Kind etwas fiebrig ist und ich in der Nähe bleiben muss, um sicherzustellen, dass es ihr gut geht", sagen Sie: "Es tut mir leid, aber ich kann heute nicht kommen. Ich bin mit meiner fiebrigen Tochter beschäftigt". Sie können auch einen optimistischeren Ton anschlagen. Zum Beispiel: "Morgen kann ich wieder zur Arbeit erscheinen. Heute hat meine Tochter Fieber."

Bleiben Sie eindringlich, aber höflich. Ein energisches Nein vermittelt die Botschaft, dass Sie es ernst meinen. Entschiedenes Auftreten erfordert jedoch nicht immer eine kräftige und entschlossene Stimme. Es bedeutet auch, dass Sie Ihre Stimme und Ihre Körpersprache effektiv einsetzen.

Studien zufolge macht die Körpersprache 55 % der Wirkung unserer Kommunikation aus. Das ist fast die Hälfte! Eine stabile Haltung und feste Gesten, wenn Sie erklären, warum Sie Nein sagen müssen, vermitteln die Botschaft, dass Ihre Entscheidung unumkehrbar ist. Lassen Sie jedoch einen gewissen Spielraum zu.

Ziehen Sie Alternativen oder Lösungen in Betracht. Gehen Sie davon aus, dass Sie gezwungen sind, mit Nein zu antworten. Sie haben sich nachdrücklich und respektvoll geäußert, und Ihre Erklärung war geradlinig und offen. Was wird noch verlangt? Oft würde man einfach nein sagen und erklären, warum.

Die meisten Fachleute übersehen, dass es bei einem Nein wichtig ist, Alternativen oder Lösungen vorzuschlagen. Tatsächlich ist das Vorschlagen einer Alternative oder einer anderen Lösung ein hervorragender Ansatz, um sicherzustellen, dass die Person, deren Antrag abgelehnt wurde, sich nicht im Stich gelassen fühlt.

Um auf das vorherige Szenario zurückzukommen: Eine Alternative wäre es, Ihre Dienste zu verkaufen, während Sie sich um Ihre Tochter kümmern. Zum Beispiel: "Ich bitte um Entschuldigung, aber ich kann heute nicht kommen. Ich bin mit meiner fiebrigen Tochter beschäftigt. Kann ich irgendetwas von zu Hause aus tun, um Sie zu unterstützen?"

KAPITEL 10

Manager - Tipps zur Steigerung der Durchsetzungsfähigkeit.

Manager müssen durchsetzungsfähig sein, um ihre Ziele zu erreichen. Sie sehen sich mit widersprüchlichen Anforderungen seitens ihres Vorgesetzten, ihrer Untergebenen und ihrer Kunden konfrontiert. Ohne Durchsetzungsvermögen wird ein Chef schnell überfordert und unproduktiv. Im Folgenden finden Sie einige Vorschläge, wie Sie Ihr Durchsetzungsvermögen als Führungskraft verbessern können:

Legen Sie Ihre Ziele fest: Legen Sie Ihre Ziele und die zu erledigenden Aufgaben genau fest. Wenn Sie im Voraus festlegen, was wichtig ist, können Sie leichter zwischen wichtigen und dringenden Aufgaben unterscheiden.

Lernen Sie, Nein zu sagen: Wenn Sie um etwas gebeten werden, das Ihren Zielen widerspricht, müssen Sie bereit sein, Nein zu sagen - auch zu Ihrem Chef. Eine diplomatische Methode, Nein zu sagen, besteht darin, zu erklären, dass Sie jetzt keine Zeit dafür haben, und zu prüfen, ob die Aufgabe verschoben oder delegiert werden kann. Ansonsten müssen Sie in der Lage sein, mit Überzeugung Nein zu sagen.

Vertrauen in Ihre Bitten: Wenn Sie jemanden um etwas bitten müssen, tun Sie dies mit Selbstvertrauen. Schauen Sie der Person in die Augen und formulieren Sie Ihre Bitte klar und selbstbewusst. Wenn die andere Person versucht, die Bitte zu ignorieren, sollten Sie sie wiederholen und begründen, warum sie erledigt werden muss.

Führungskräfte halten regelmäßig Besprechungen mit anderen Führungskräften und ihren Arbeitgebern ab. Wie in jeder anderen Gruppensituation werden einige Mitglieder deutlicher Stellung beziehen und die Diskussion dominieren.

Fragen zu stellen ist eine Methode, um in das Gespräch einzusteigen.

Vergewissern Sie sich, dass Sie verstanden haben, indem Sie den Antworten zuhören und Folgefragen stellen. Wenn Sie unterbrochen werden, sagen Sie: "Bitte lassen Sie mich ausreden". In der Regel behält die Person, die die Fragen stellt, die Kontrolle über das Gespräch.

Fassen Sie Ihre Punkte zusammen: Sobald Sie Ihre Antworten erhalten haben, können Sie Ihr Anliegen so kurz wie möglich erläutern. Prägnante Aussagen zeugen von mehr Autorität und Vertrauen. Sie können auch die "PREP"-Formel anwenden: Erläutern Sie Ihren Standpunkt, begründen Sie Ihre Position, geben Sie ein Beispiel und schließen Sie mit einer erneuten Bekräftigung Ihrer Position.

Die meisten Führungskräfte sind bereits in gewissem Maße durchsetzungsfähig, sonst wären sie nicht zur Führungskraft befördert worden; dennoch kann jede Führungskraft ihre Durchsetzungsfähigkeit ausbauen, um ihre Effektivität zu steigern. Die

Anwendung dieser einfachen Methoden wird Ihnen dabei helfen. Mit mehr Aggressivität können Sie die Tagesordnung bestimmen und Ihre Effektivität als Chef verbessern.

SCHLUSSFOLGERUNG.

Wir alle haben schon Situationen erlebt, in denen wir uns etwas mehr Selbstvertrauen und Aggressivität gewünscht hätten, z. B. bei einem Netzwerktreffen, als Sie in der Ecke standen und hofften, dass eine nette Person auf Sie zukommen und mit Ihnen sprechen würde, anstatt so zu tun, als würden Sie Notizen oder eine SMS schreiben.

Ganz zu schweigen von dem Moment, als Sie von einem Kollegen niedergeschossen wurden und Ihnen das Selbstvertrauen fehlte, einen Gegenangriff zu starten. Doch wie können Sie Ihr Selbstvertrauen stärken und sich am Arbeitsplatz professionell durchsetzen? Das ist oft leichter gesagt als getan, aber bedenken Sie: Erfolgreiche Menschen sind erfolgreich, weil sie daran glauben, dass sie erfolgreich sein werden.

Der erste Schritt besteht darin, Ihr mentales Modell von sich selbst, Ihrem Aussehen, Ihren

Fähigkeiten und Ihren Ambitionen neu zu programmieren. Positives Denken ist zwar nicht etwas, an das wir gewöhnt sind, aber es wirkt sich erheblich auf unser Selbstwertgefühl und folglich auf unsere berufliche Durchsetzungsfähigkeit aus. Ihre Arbeit, Ihr Image, Ihre Beziehungen und Ihr Lebensstil sind untrennbar mit Ihrer Selbstwahrnehmung verbunden.

Positives Denken führt zu positiven Ergebnissen. Würden Sie beispielsweise lieber einen Assistenten mit mittlerer Erfahrung wählen, der während des gesamten Gesprächs nach unten schaut und leise spricht, oder einen Assistenten mit etwas weniger Erfahrung, der selbstbewusst und fröhlich ist, sich selbst hoch trägt und schwierige Fragen stellt?

Eine weitere wirksame Methode, um Ihr Selbstvertrauen zu stärken, besteht darin, Ihre Ziele offensiv zu verfolgen. Glauben Sie daran, dass sie eintreten werden, und ergreifen Sie Maßnahmen, um sie zu verwirklichen. Damit will ich nicht sagen, dass man sich etwas nur einbilden muss, um es zu erreichen, sondern dass man es aktiv verfolgen, darauf hinarbeiten und täglich seinen Beitrag leisten sollte. Sie müssen daran glauben, dass Sie Ihr Ziel erreichen werden.

- Tu so, als ob du es schaffst, behalte den Kopf oben und zeige deinen Wunsch, selbstbewusst zu sein, auch wenn du es noch nicht bist.
- Bitten Sie um das, was Sie sich wünschen.
- Es kann schwierig sein, etwas zu beantragen, vor allem, wenn Sie sich nicht sicher sind.
- Auch wenn wir uns nicht tapfer fühlen, müssen wir manchmal ein tapferes Gesicht aufsetzen.
- Stellen Sie Anträge, um sicherzustellen, dass Sie erhalten, was Sie wünschen.
- Entdecken Sie neue Wege, um mit Menschen in Kontakt zu treten.

Sie werden mit erhobenem Kopf und einem Lächeln im Gesicht gehen. Sie werden sich auf die neuen Abenteuer freuen, die jeder neue Tag bieten wird. Haben Sie Vertrauen in Ihre Fähigkeiten und Ihren Stil; sie werden schließlich erfolgreich sein, wenn Sie es zulassen.

Die vermittelten Fähigkeiten werden Sie in die Lage versetzen, klar und selbstbewusst zu sprechen, und Ihnen die notwendigen Werkzeuge an die Hand geben, um schwierige und anspruchsvolle berufliche Situationen zu meistern.

Management-Fähigkeiten für Führungskräfte

1. Zeitmanagement für Manager

2. Mitarbeiter-Coaching für Manager

3. Teambildung für Manager

4. Selbstvertrauen für Manager

5. Verhandlungsgeschick für Manager

6. Kundenservice-Fähigkeiten für Manager

7. Durchsetzungsvermögen für Manager